WE USE SCIENCE
Copyright ⓒ b small publishing ltd. 2022
All rights reserved.
Korean translation copyright ⓒ 2024 by Sam & Parkers Co., Ltd.
Korean translation rights arranged with b small publishing limited through EYA Co., Ltd.

지음 킴 행킨슨

어린이책 작가이자 일러스트레이터, 디자이너이다. 정확한 사실, 재미있는 놀이, 짜임새 있는 구성, 아이디어의 전달, 뛰어난 디자인을 통해 함께 일하는 사람들과 협동할 때 기쁨을 느낀다. 그녀가 디자인하고 디렉팅했던 도서들은 로열소사이어티상, 블루피터상, 영국디자인앤프로덕션상을 받았다. 책 이외에도 대규모 예술 작품을 만들고 있다. 쓰고 그린 책으로는 〈어드벤처 저널〉 시리즈, 《어디서나 필요한 수학의 원리》, 《세상을 구하기 위해 할 수 있는 50가지》 등이 있다.

옮김 김세용

교육에 관심이 많고 다양한 문화에 호기심이 가득한 교사로 경복초등학교에서 아이들과 행복하게 지내고 있다. 2011년~2021년 초등교사 커뮤니티 인디스쿨 대표운영진으로 활동했다. 아이들과 즐겁게 시간을 보낼 수 있는 다양한 것들을 찾아보고, 늘 새롭게 배우고 시도해 보는 것을 좋아한다. 행복교실, 성장교실에서 선생님들과 함께 공부했으며 EBS AI 평가 자문단, 서울시 에듀테크 선도교원을 지냈다. 현재 교사 모임 놀이위키 선생님들과 학교에서 할 수 있는 다양한 놀이를 연구하고 있다. 허승환, 놀이위키 선생님들과 《두근두근 놀이수업》을 함께 썼다.

올리 그림책 40
어디서나 필요한 과학의 원리

초판 1쇄 발행 2024년 4월 30일

지은이 킴 행킨슨 | **옮긴이** 김세용
펴낸곳 올리 | **펴낸이** 박숙정 | **자문** 박시형 | **기획편집** 최현정 정선우 김수정 | **디자인** 전성연 | **외주 디자인** urbook
마케팅 양근모 권금숙 양봉호 이도경 | **온라인마케팅** 신하은 현나래 최혜빈
디지털콘텐츠 최은정 | **해외기획** 우정민 배혜림 | **경영지원** 홍성택 강신우 이윤재 | **제작** 이진영
출판등록 2006년 9월 25일 제406-2006-000210호 | **주소** 서울시 마포구 월드컵북로 396 누리꿈스퀘어 비즈니스타워 18층
전화 02-6712-9800 | **팩스** 02-6712-9810 | **이메일** allnonly.book@gmail.com | **인스타그램** @allnonly.book

ISBN 979-11-6534-750-5 77400
ISBN 979-11-6534-751-2 (세트)

• 책값은 뒤표지에 있습니다.
• 인쇄 제작 및 유통상의 파본 도서는 구입하신 서점에서 바꿔드립니다.
• 저작권법에 의해 한국 내에서 보호를 받는 저작물이므로 무단 전재 및 복제를 금합니다.
• 올리 _ all&only는 쌤앤파커스의 어린이 브랜드입니다.

| **품명** 도서 | **제조자명** 쌤앤파커스 | 종이에 베이거나 긁히지 않도록 조심하세요.
사용연령 만 3세 이상 | **제조년월** 2024년 4월 | 책 모서리가 날카로우니 던지거나 떨어뜨리지 마세요.
제조국 대한민국 | | KC마크는 이 제품이 공통안전기준에 적합하였음을 의미합니다.

어디서나 필요한
과학의 원리

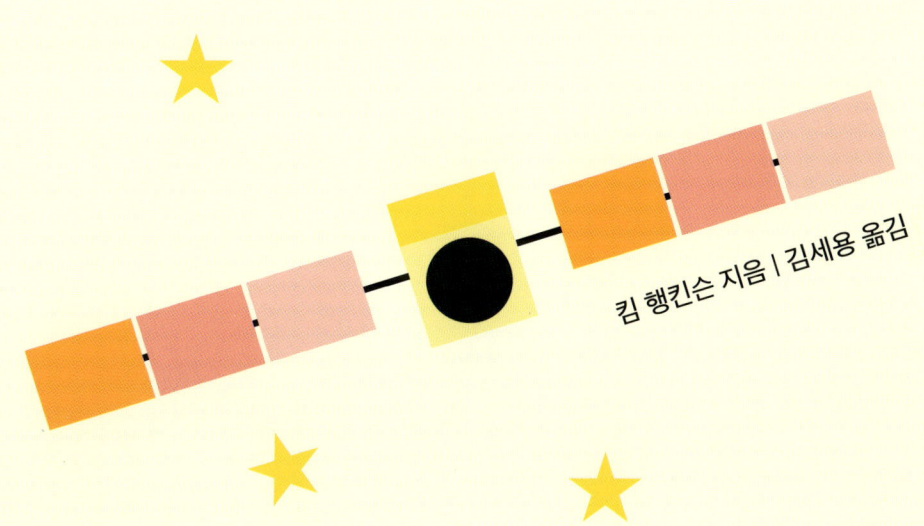

킴 행킨슨 지음 | 김세용 옮김

올리

소방관·4

미용사·14

의사·22

교통경찰·26

스무디
요리사·10

매일
우리 주위에서
다양한 과학자를
만나요!

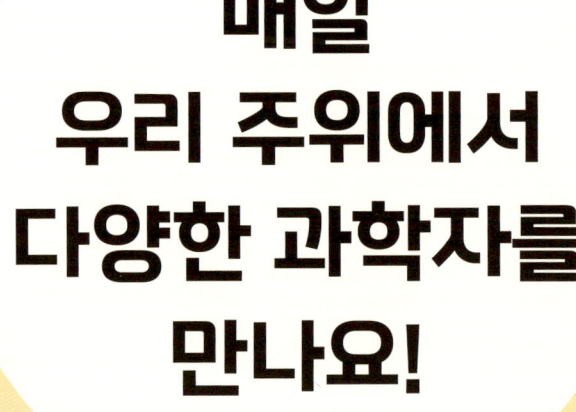

제빵사·18

소방관

땡! 땡! 땡! 종소리가 울리면 우리는 출동봉을 타고 내려가 장비¹를 착용하고 긴급 출동을 해요! 소방관은 불을 끄고, 교통사고를 처리하거나 덫에 걸린 동물을 구하는 일도 해요. 매우 뜨겁고 건조한 들판과 숲에서 발생한 아주 큰 산불과 맞서 싸우기도 하지요.

비상 상황에서는 시간을 다투기 때문에 우리는 방화복을 몇 초 안에 입을 수 있도록 늘 준비해 놓고, 대기하고 있어요. 빨간 소방차에서 울리는 사이렌 소리는 다른 운전자에게 소방차가 먼저 길을 지나야 한다는 걸 알려 줘요. 소방차에는 소화전에 연결하는 소방 호스와 같은 멋진 장비들이 많이 있는데, 이 장비들을 이용해 분당 수백 리터나 되는 아주 많은 물을 뿌릴 수 있어요.

새로운 과학 기술 덕분에 예전보다 안전해지긴 했지만, 불에 맞서 싸우는 일은 여전히 위험해요. 불이 났을 때 발생한 연기는 숨 쉬기 어렵게 만들고, 또 어떤 물질은 불에 타면서 몸에 해로운 가스를 내뿜어요. 그래서 우리는 마스크를 꼭 씁니다.

우리는 불이 어떻게 번지는지 잘 알고 있어요. 그에 맞춰 불을 끄는 방법을 사용하지요. 불은 소방관들이 서로 도울 때 가장 안전하게 끌 수 있어요.

> 불의 원리를 이해하기 때문에 불과 맞서 싸우는 방법을 잘 알고 있어요.

> 화재경보기가 울릴 때는 연기가 보이지 않아도 반드시 밖으로 대피해야 해요. 그래서 화재경보기가 제대로 작동하는지 확인하는 건 정말 중요한 일이에요.

모래 · 확성기 · 소방 호스 · 헬멧 · 소방복 · 벨 · 화재경보기 · 소방서 · 소방차 · 사이렌

소방관이 알아야 하는 공식

불의 삼각형

불이 나려면 세 가지 요소[2]가 필요해요. 한 가지 요소라도 없으면 불이 꺼지게 되므로 소화기는 세 가지 요소 중 하나를 없애는 방법으로 사용해요.

불을 끄는 방법

건물에 비치되어 있는 소화기에도 여러 종류가 있다는 걸 아나요? 이 소화기들은 모두 불을 끄는 데 쓰지만, 무엇 때문에 불이 났느냐에 따라 다른 소화기를 사용해야 해요. 예를 들어 물은 불타고 있는 나무, 종이, 옷감, 플라스틱, 고무의 불을 끌 때 사용하면 좋아요. 하지만 기름이나 가스가 타서 생긴 불을 끌 때는 오히려 물이 불을 더 키울 수 있어서 좋지 않아요. 또 물은 전기가 통하기 때문에 전기로 인해 불이 났을 때는 사용하면 안 돼요. 전기가 물을 통하면서 무서운 감전 사고로 이어질 수도 있어요.

산소가 없으면 불이 꺼지므로 문과 창문을 모두 닫아 불난 곳 안으로 더는 산소가 들어가지 못하게 해야 해요.

발화점 이상의 온도
높은 온도는 물질을 타게 만들고 불이 붙어 번지게 만들어요.

산소
물질이 열을 받아서 타려면 산소가 필요해요.

소화기의 종류

거품 · 이산화탄소 · 물 · 분말 · 할로겐 화합물

탈 물질
기름, 나무, 종이, 가스, 옷감, 플라스틱, 고무와 같은 것들이 불에 잘 타요.

무전기 · 방화포 · 도끼 · 산소 탱크 · 마스크 · 사다리 · 소화기 · 소화전

소방관이 알려 주는 꿀팁

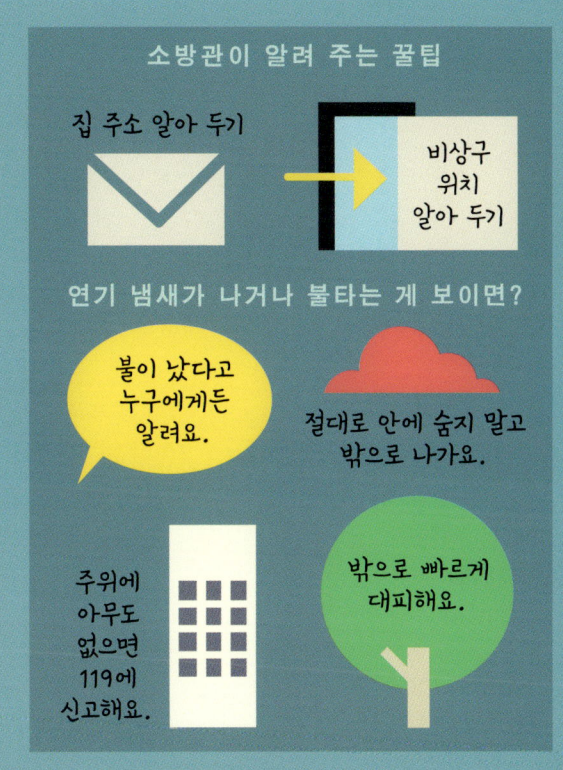

집 주소 알아 두기 → 비상구 위치 알아 두기

연기 냄새가 나거나 불타는 게 보이면?

불이 났다고 누구에게든 알려요.

절대로 안에 숨지 말고 밖으로 나가요.

주위에 아무도 없으면 119에 신고해요.

밖으로 빠르게 대피해요.

인명 구조 요원

인명 구조 요원이 바닷가를 순찰하거나 쌍안경을 들여다보는 것을 본 적이 있나요? 언뜻 보면 인명 구조 요원이 하는 일이 재미있고 쉬워 보이지만, 실제로 우리가 하는 일에는 많은 과학이 작용해요. 우리는 누군가 도움이 필요할 때 바로 출동할 수 있도록 항상 준비하고 있답니다.

인명 구조 요원 의자와 감시탑은 우리가 바닷가 전체를 볼 수 있도록 높은 곳에 있어요. 우리는 바다를 바라보며 모든 장소를 자세히 살피지요. 오른쪽에서 왼쪽, 위에서 아래로 관찰 순서를 바꿔 가며 경계를 늦추지 않아요.

특히 우리처럼 해변에서 일하는 구조 요원들은 사람을 구하는 데 필요한 여러 장비를 가지고 있어요. 우리는 위험한 곳에 깃발을 꽂아서 수영하는 사람들에게 해류[1]의 이동이나 이안류[2]처럼 알아차리기 힘든 위험에 대해 경고해요. 물에 빠진 누군가가 구조를 요청할 때, 그들을 다시 해안으로 데려올 수 있도록 특수 보드와 플로트[3] 등도 사용하지요. 쾌속정과 해양 스쿠터는 사람을 빠르게 구할 수 있게 해 줘요.

멋진 장비 못지않게 우리의 건강도 정말 중요해요. 우리는 구조에 필요한 체력과 자신감을 기르기 위해 수영과 운동을 꾸준히 해요. 그래서 언제든지 위험에 빠진 사람들을 도울 준비가 되어 있답니다!

우리는 태양, 모래, 바다의 특성을 알고 안전하게 파도를 탈 수 있는 전문가예요!

쌍안경 · 확성기 · 구명복 · 구급함 · 잠수복 · 구조용 들것 · 인명 구조 요원 의자 · 플로트 · 호루라기 · 해양 스쿠터 · 구조 보드 · 순찰차

이안류를 알아차리는 방법

이안류는 강하고 좁은 물의 흐름이에요. 마치 육지에서 파도를 뚫고 바다로 흘러가는 강처럼요. 여러분을 바다로 휩쓸어 갈 수도 있어서 이안류에 갇히는 것은 매우 위험해요. 높은 곳에서 보면 이안류를 훨씬 쉽게 발견할 수 있어요. 다음과 같은 단서들로 이안류를 알아차릴 수 있답니다.

색깔이 다른 물

잔잔한 바다 위에 거친 파도가 있는 부분

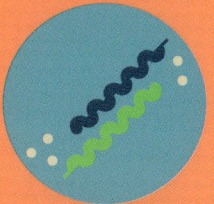
바다로 이동하는 해초 줄기와 조각

부서지는 파도의 틈

바닷가 근처에서 부서지는 파도를 보면, 가까운 곳에 이안류가 있을 수 있으니 조심하세요.

부두나 방파제 근처에는 늘 거센 파도가 있어요.

강처럼 갈라지는 거센 파도

거센 파도가 생길 때 언뜻 물이 얕고 잔잔해 보이지만, 순식간에 휩쓸려 바다로 떠내려갈 수도 있어요.

거센 파도에서 벗어나기

서핑 경험이 많은 사람도 종종 거센 파도에 휘말려요. 거센 파도에 갇혔을 때는 그것을 거스르려고 하지 마세요. 대신 침착하게 파도의 흐름을 따라가는 것에 집중하세요. 그렇게 해야 여러분의 힘을 아낄 수 있어요. 팔로 신호를 보내고 숨을 쉬는 데 집중해 보세요. 거센 파도가 더는 여러분을 끌어당기지 않는다면, 이제 육지로 가기 위해 해안을 따라 수영하며 거센 파도에서 빠져나올 수 있어요. 어떤 파도는 육지로 흘러가기도 하니 당황하지 마세요!

심폐 소생술

물에 빠진 사람은 머리를 물 밖으로 내민 채 버티는 것이 어려울 수 있어요. 그러면 바닷물이 입과 기도로 들어가 위험한 상태에 빠지기도 해요. 이런 사람에게는 폐에 산소를 공급하는 방법인 심폐 소생술을 사용해요. 심폐 소생술은 CPR이라고도 부르는데, Cardio(심장) Pulmonary(폐) Resuscitation(소생)을 뜻한답니다. 우리는 리듬에 맞춰 가슴을 누르고 입이나 코를 통해 환자의 폐에 산소를 불어 넣어요. 이건 정말 놀라운 일이에요!

심폐 소생술이 언제나 필요한 것은 아니에요. 확실한 대처를 위해 심폐 소생술이 꼭 필요한 상황인지부터 확인해야 해요!

사육사

여러분이 사육사라면 자신이 돌보는 동물에 대해 많이 알고 있어야 해요. 좋은 동물원에서는 그 동물이 원래 살던 자연의 서식지¹와 비슷한 환경을 만들어 주려고 노력해요.
예를 들면, 하루 종일 목욕을 하는 하마에게는 얕은 진흙탕 연못이 필요해요. 하마는 땀을 흘리지 않기 때문에 연못을 걸으며 피부를 촉촉하고 시원하게 유지하지요. 긴 팔로 나무 사이를 돌아다니는 거미원숭이에게는 긴 가지가 달린 높은 나무들이 필요해요.

동물마다 먹을 수 있는 음식과 소화시키는 시간이 달라요. 녹색 아나콘다는 돼지 한 마리를 통째로 먹어요. 그러고 난 뒤에는 몇 달 동안 아무것도 먹지 않아도 되지요. 반면, 고릴라는 과일과 녹색 채소를 좋아하고 자주 먹어요. 동물들은 자신의 몸에 맞는 음식을 먹어야 해요. 그렇지 않으면 아플 수 있어요.

동물원에 가면 동물들을 가까이에서 관찰할 수 있어요. 또 관람객이 동물 우리에 들어가 음식도 주고 만져 볼 수 있게 하는 동물원도 있어요. 큰 발톱이나 날카로운 이빨이 없고 독성도 없는 동물들은 위험하지 않아요. 하지만 사자, 상어, 회색곰 같은 동물에게 다가가면 정말 위험하답니다. 동물원을 방문하기 전에 그곳이 안전한지, 사육사들이 동물들을 잘 보살피고 아끼는지 확인하세요.

우리는 동물의 특성을 익히고, 동물을 돌보는 가장 좋은 방법을 배워요. 동물을 많이 사랑하니까요!

동물원 지도: 다양한 종들이 어떻게 연결되어 있는지 경로 알기

스무디 요리사

윙~! 믹서기를 가장 빠른 속도로 돌려 스무디를 만들어 볼까요?
스무디를 마시는 것은 우리가 과일과 채소를 많이 먹을 수 있는 좋은 방법이에요.
스무디는 우리 몸에 필요한 비타민과 미네랄[1]로 가득 차 있어요.
음식 색깔을 통해 그 안에 어떤 비타민과 미네랄이 들어 있는지 알 수 있지요.
그래서 무지개처럼 다양한 색깔의 음식을 먹는 것이 몸에 좋답니다.

스무디를 만들 때는 맛있고 달콤한 과일뿐만 아니라 요구르트, 씨앗,
채소를 넣어요. 다양한 재료를 섞을수록 더 건강한 스무디가 되지요.
우유와 씨앗이 가득한 단백질셰이크는 근육을 강하게 만드는 데
도움을 주기 때문에 운동을 많이 하는 사람들에게 좋아요.

모든 재료를 섞고 다지기 위해서는 잘 갈리는 칼날이 필요해요.
그래서 믹서기의 성능이 무엇보다 중요하지요.
만약 모든 재료를 칼로 잘라서 으깨고 손으로 휘저어 스무디를 만든다면
얼마나 오래 걸릴까요? 믹서기 덕분에 스무디 한 잔을 만드는 데
단 몇 초밖에 걸리지 않으니 얼마나 다행이에요!
참, 믹서기 버튼을 누르기 전에 뚜껑이 닫혀 있는지 꼭 확인하세요.
그렇지 않으면 여러분은 스무디를 마시는 게 아니라 온몸에
뒤집어쓰게 될 거예요!

환상적인 비율로 만든 스무디를 맛보기 위해 여러분은 매일 우리 가게를 찾아올 거예요!

자두, 빨간 사과, 복숭아, 초록 사과, 블루베리, 체리, 셀러리, 포도, 수박, 토마토, 키위, 비트, 딸기, 라즈베리, 석류, 시금치, 아보카도

완벽한 스무디의 과학

셰이크 규칙

과일만 들어간 스무디는 절대 만들지 마세요!
과일은 몸에 좋지만, 달콤한 맛이 느껴지는 당분[2]이 아주 많이 들어 있어요. 그래서 과일과 함께 다른 건강한 재료를 섞어서 스무디를 만들어야 해요.

즙만 짜내지 말고, 재료를 통째로 사용하세요!
몸속을 깨끗하게 하고, 똥을 누는 데 도움이 되는 섬유질과 같은 좋은 영양소를 얻게 될 거예요.

맛있게 만들어 보세요!
여러분이 좋아하는 맛을 찾아 다양한 재료를 사용해 보세요. 코코넛밀크나 생강을 넣어 보는 건 어떨까요?

믹서기의 뚜껑을 꼭 닫으세요!
뚜껑을 덮지 않으면 스무디가 사방으로 튈 거예요. 게다가 믹서기 칼날은 아주 빠르게 회전하기 때문에 뚜껑을 꼭 닫는 게 안전해요.

믹서기 안에 생긴 소용돌이

믹서기를 켜면 아래쪽에 있는 칼날이 회전하기 시작해요. 칼날은 부딪히는 모든 것을 엄청난 속도로 갈아 액체로 만들어요. 또 액체를 회전시켜 가장자리로 밀어 내 액체 속에 소용돌이를 만들기도 하지요. 이렇게 생긴 소용돌이는 공기와 고체를 위에서 아래로 끌어당겨 모든 것이 섞이도록 한답니다.

이렇게 해서 스무디를 섞을 때, 작은 토네이도가 만들어지는 거예요!

배달 기사

창고와 상점에서 출발한 대형 트럭들이 물건을 가득 실어 지역 물류 센터에 도착해요. 이제부터 배달 기사들의 하루가 시작되지요. 우리는 여러분의 주소로 곧장 배달을 시작한답니다.

우리는 배달하는 도중에 길을 잃고 싶지 않아요. 그래서 가장 정확한 길을 찾으려고 내비게이션에서 주소를 검색하지요. 길을 모를 때도 걱정할 필요가 없어요.

내비게이션은 메모리에 지도가 저장되어 있는 컴퓨터랍니다. 지도는 교통 상황이나 도로 공사 위치 같은 정보를 반영해 실시간으로 업데이트되지요. 우리는 운전할 때 내비게이션 화면에서 우리의 위치가 움직이는 것을 확인할 수 있어요. 마치 컴퓨터 게임을 할 때 움직이는 것과 같아요.

자전거, 승용차, 전화기, 트럭 등에 있는 내비게이션은 GPS를 사용해요. GPS는 범지구 위치결정 시스템(Global Positioning System)으로, 지구 주위를 돌며 현재 위치를 알려 주는 우주 위성 네트워크를 일컫는 말이에요.

종이 지도 대신에 이렇게 멋진 GPS를 사용하는 것이 훨씬 편하답니다. GPS가 없으면 배송이 느리고 어려워질 거예요. 이제 우리는 물건을 배달하러 출발할게요!

삐삐! GPS 덕분에 길을 찾고, 제시간에 배달할 수 있어요!

GPS 작동 방식

인공위성 네트워크

지구 주위를 도는 GPS 인공위성[1]은 30개 정도지만, 지구에 사는 사람들에게 정확한 정보를 제공하기엔 충분해요. 인공위성 네트워크는 브랜드, 연식, 위치에 관계없이 모든 내비게이션 장치에서 사용되고 있어요. 지구 주위의 다른 궤도[2]를 돌고 있는 인공위성들은 각자 다른 일을 하고 있답니다.

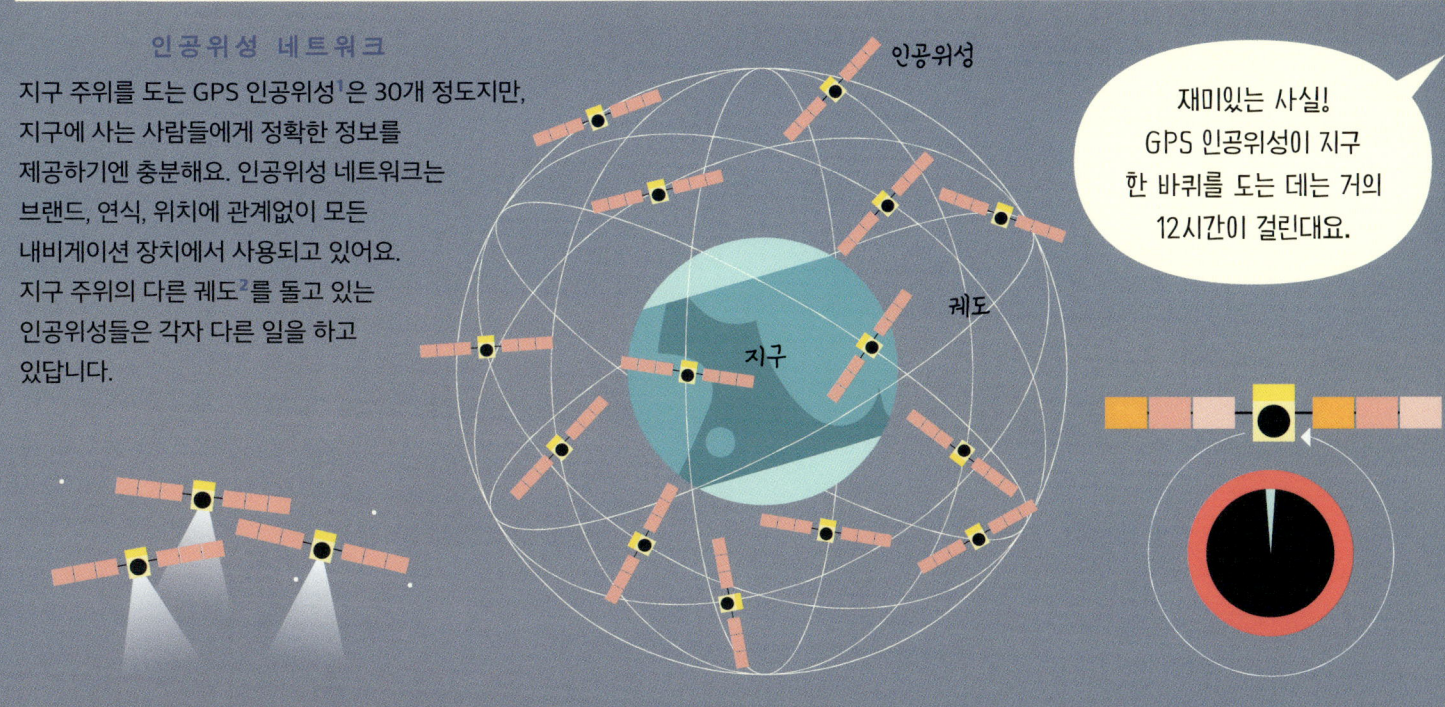

재미있는 사실! GPS 인공위성이 지구 한 바퀴를 도는 데는 거의 12시간이 걸린대요.

안녕? GPS

첫째로, 내비게이션은 세 개의 GPS 인공위성에서 받은 신호와 몇 가지 수학적 계산을 통해 여러분이 어디에 있는지를 알아내요. 이제 배송받을 주소만 입력하면 되지요.

어디로 갈까요?

컴퓨터는 메모리를 통해 가는 길과 여러 정보를 검색해요. 그런 뒤 여러분에게 최적의 경로를 알려 주지요. 이제 행복한 여행을 시작할 수 있답니다.

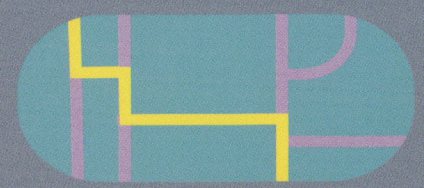

똑똑, 도착했어요!

GPS 인공위성이 항상 위치를 업데이트하므로 내비게이션에서 여러분이 어디에 있는지도 계속 업데이트돼요. 목적지까지 계속이요!

미용사

싹둑싹둑! 머리를 자르고 스타일링하는 방법은 여러 가지가 있어요. 사람들은 다른 사람의 헤어스타일을 눈여겨보기 때문에 미용실에서는 손님들에게 가장 멋진 헤어스타일을 만들어 주려고 노력해요.

미용사는 손님의 머리를 스타일링하기 전에 연습을 아주 많이 해요. 앞머리를 일자로 자르는 보브 커트, 머리카락의 길이를 다양하게 잘라 층을 만드는 레이어드 커트 등과 같은 기본적인 헤어스타일링도 배우지요. 곱슬거리고 두꺼운 머리카락, 얇고 직선인 머리카락처럼 사람들은 저마다 다른 머리카락을 갖고 있어요. 우리는 머리카락의 특성을 살려 예쁘게 자르는 법을 익혀서 완성된 머리 모양이 잘 유지되도록 해요!

손님들은 잡지나 인터넷에서 원하는 헤어스타일 사진을 가져와 보여 주기도 해요. 어떤 스타일이 잘 어울릴지 상의를 하고 헤어스타일을 정하고 나면, 우리는 손님의 머리를 감기거나 물로 적시고 빗으로 빗어요. 그런 다음 날카로운 가위로 아주 정확하게 잘라요. 세균으로부터 보호하기 위해 특별한 액체를 가위에 묻히기도 해요.

어른들은 종종 머리를 염색해요. 우리는 머리카락을 무지개색으로 바꿀 수 있는 여러 색의 염료[1]를 가지고 있어요. 마술처럼 보이지만 사실은 화학 반응[2]을 사용하여 머리카락 색을 변하게 하는 거랍니다. 머리 색깔을 완전히 바꿔도 시간이 지나면 다시 머리카락이 자라기 때문에 손님의 마음이 바뀌어도 걱정 없어요. 그저 머리가 자랄 때까지 기다리면 되니까요.

색상 화학을 이용하면 놀라운 헤어스타일로 변신할 수 있어요!

머리카락 털이개 · 헤어 디퓨저[3] · 헤어드라이어 · 빗 · 거울 · 솔빗 · 바리캉[4] · 숱가위 · 가위 · 의자 · 면도기 · 고데기 · 위생 장갑 · 꼬리빗 · 집게 핀 · 스마트폰 · 커트보 · 실핀

화학 물질이 색을 영원히 바꾸는 방법

암모니아는 청소를 깨끗이 할 때 사용하는 매우 독한 화학 물질이에요. 실제로 피부와 머리카락에 닿으면 화상을 입을 수도 있으니 절대 따라 하면 안 돼요!

염색약을 만들 때는 두 가지 기본 화학 물질에 원하는 색상을 추가해요. 액체 안에 있는 화학 물질이 천천히 반응을 시작할 거예요. 반응이 일어나는 동안 염색약을 발라야 머리카락의 색이 바뀌기 때문에 염색약은 머리카락에 바르기 직전에 섞어야 해요. 염색약이 머리카락에 닿는 부분만 색이 바뀐답니다. 화학 물질이 머리카락을 염색하도록 가만히 기다리세요.

염색된 색상이 그대로 머물러 있어요.

1 단계
암모니아수는 머리카락을 부풀게 만들어 머리카락 전체에 작은 구멍을 만들어요.

2 단계
염색약의 작은 색상 분자[5]는 이제 작은 구멍을 통해 머리카락 안으로 몰래 들어갈 수 있어요.

3 단계
화학 반응이 일어나요! 색상 분자가 머리카락 안쪽에서 부풀어 올라 다시는 빠져나오지 못해요.

4 단계
화학 물질을 씻어 내요. 색상은 여전히 머리카락 속에 갇혀 있으며 머리카락 색은 완전히 바뀌었어요!

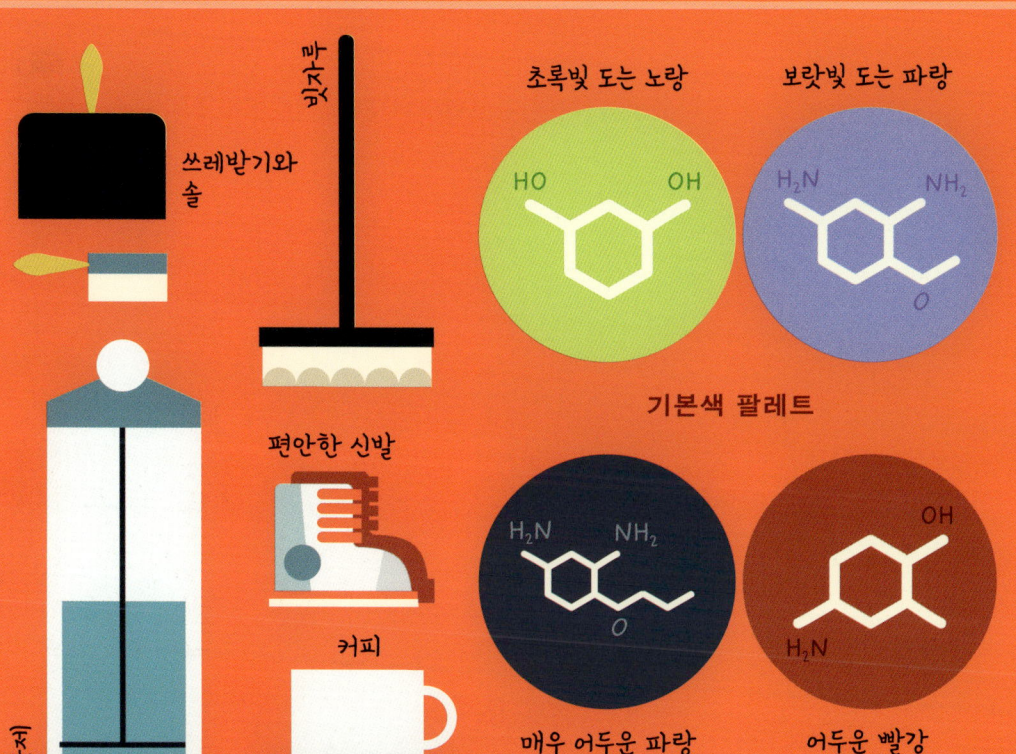

손님이 빨간색으로 염색해 달라고 했을 때 실수로 녹색 머리가 되지 않도록 우리는 올바르게 색상을 섞는 방법을 알아야 해요.

색채 화학자
미용사는 조금씩 색을 섞지만, 색을 섞는 단계에서는 어떤 결과가 나올지 정확하게 알 수 없어요. 여러분의 머리카락 색깔에 따라 같은 염색약을 써도 다른 색깔이 나올 수 있거든요. 원하는 색깔을 완벽하게 얻는 것이 진짜 기술이라고 할 수 있겠죠?

선장

선장은 거대한 유람선, 돛단배, 전투용 군함의 책임자가 될 수 있어요!
선장의 임무는 배가 항해하는 동안 모든 승객과 배에 실린 화물이
바다 위에서 사고 없이 안전하게 이동하도록 하는 것이랍니다.

우리는 세계 어딘가 아주 먼 곳으로 여행을 떠날 수 있어요.
어떤 항해는 몇 달, 심지어는 더 오랜 시간이 걸릴 수 있지요.
깜깜한 밤에 인공조명에서도 멀리 떨어진 바다 위에 있다면 육지에서처럼
도로명이나 특정한 건물이 없기 때문에 길 찾기가 어려워요. 과학이 발달하면서
이제는 GPS를 이용해 옛날보다 길을 쉽게 찾을 수 있어요.

우리는 선박용 레이더를 통해 바다 밑에 있는 해산과 협곡[1]의
아주 넓고 거대한 풍경을 지도로 그려 내요. 또 레이더는 선체에
구멍을 낼 수 있는 암초나 배가 갇힐 수 있는 모래톱 같은 장애물도 감지해요.
근처에 있는 보트와 큰 빙산들도 감지할 수 있지요. 하지만 빙산편이라고 불리는
작은 빙산 조각은 레이더에 포착되기에는 너무 작아서 승무원들이 항상
쌍안경으로 감시하고 있답니다.

항구에 도착하면 우리는 닻을 내리고 모두를 안전하게 내려 줘요.
이제 다시 짐을 싣고 새로운 항로로 떠날 때가 되었어요.
그럼 모두 즐거운 여행하세요!

우리는 배가 어떻게 물에 뜰 수 있는지 원리를 이해하고 있답니다.

배와 빙산이 뜨는 원리

과학적으로 설명하자면, 배는 항상 가라앉아 있음과 동시에 떠 있기도 해요! 배는 선체의 일부를 물속에 넣어 두고, 일부는 물 밖에 나온 채로 떠 있지요. 밀도[2]가 높고 무거운 재료인 강철로 만들어지긴 했지만, 배의 총밀도가 물보다 낮아서 배는 물에 떠요. 선체는 많은 양의 공기로 채워질 수 있게 만들어졌기 때문에 배 전체가 물보다 밀도가 낮은 거예요. 그래서 우리는 항상 선체를 잘 살펴보지요. 선체에 구멍이 뚫리면 물이 그 안으로 들어가 선체의 밀도가 높아져 배가 가라앉게 되니까요.

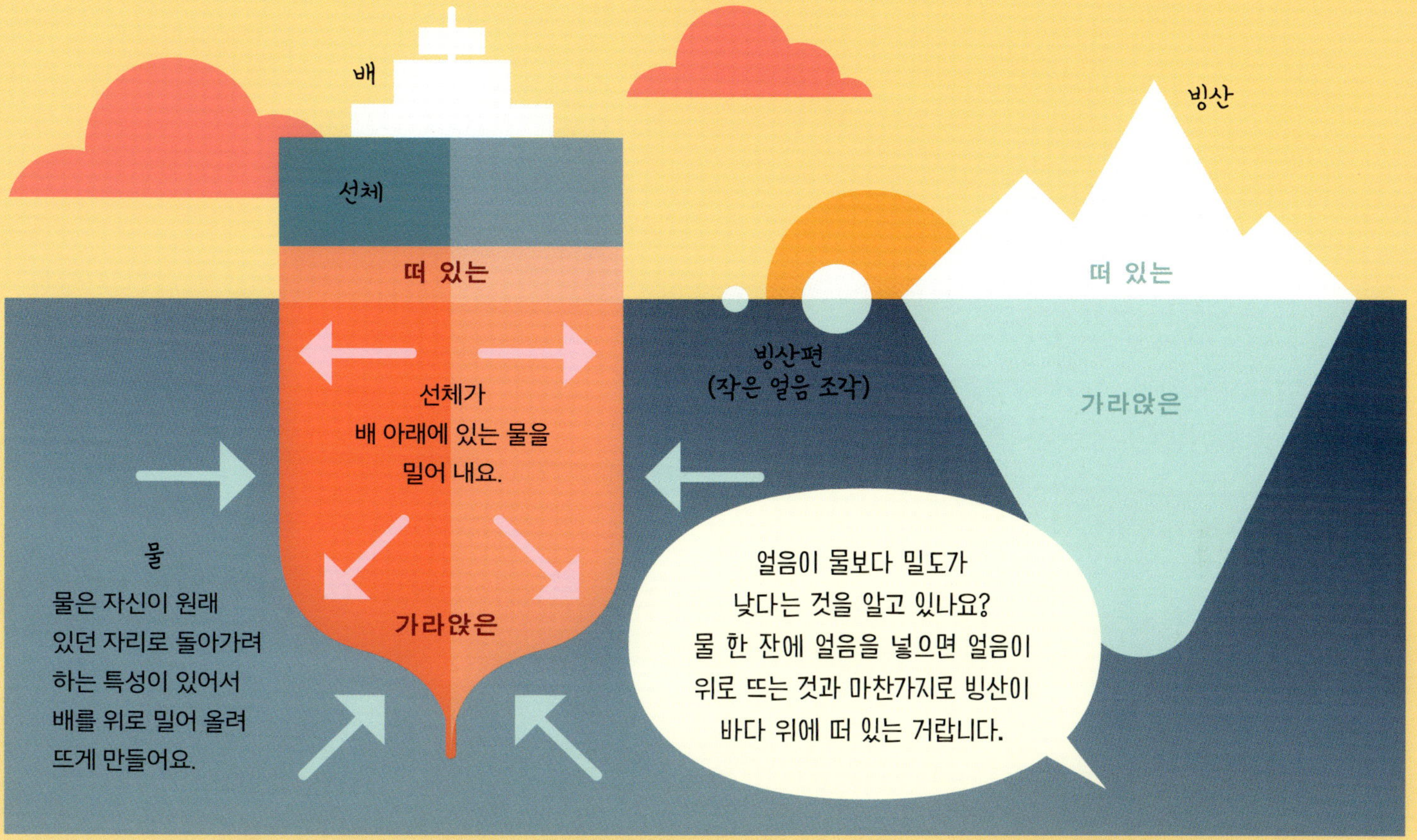

제빵사

빵집에서는 모든 종류의 빵과 케이크를 만들어요. 만드는 방법은 각각 다르지만, 케이크와 빵에 꼭 필요한 한 가지는 가벼움이지요. 제빵사는 공기 방울을 넣어 가볍게 만들 수 있어요. 빵을 굽기 전에 재료와 공기 방울이 잘 섞여 있으면, 맛있고 폭신한 카스텔라나 롤빵 같은 빵이 만들어지는 거랍니다.

우리는 다양한 방식으로 케이크와 빵에 공기 방울을 넣는데, 그에 따라 결과도 다르게 나타나지요. 땅콩버터를 곁들인 빵 한 조각과 라즈베리잼과 버터크림이 가득한 케이크 한 조각을 먹는 걸 상상해 보세요. 맛 외에도 씹었을 때의 식감이 매우 다르지요. 케이크는 정말 부드럽고 입안에서 살살 녹지만, 빵은 쫀득쫀득하게 씹히며 늘어나는 크러스트[1]가 돋보여요. 빵의 공기 방울은 케이크의 작고 일반적인 공기 방울보다 크기가 더 크고 다양하답니다.

그렇다면 어떻게 공기 방울을 가둬 둘 수 있을까요? 케이크를 만들 때는 버터와 달걀의 지방이 케이크 믹스[2]에 공기 방울을 가둬 두어요. 반면, 빵을 만들 때는 반죽과 시간이 필요해요. 밀가루 반죽을 손으로 늘이고 당기거나 반죽기로 젓는 과정을 거쳐야 하지요. 밀가루를 반죽하면 밀가루 안에 있는 글루텐[3]이 매우 긴 사슬로 연결되기 시작해요. 아주 길고, 몹시 작고, 잘 늘어나는 글루텐 가닥이 빵 안에 공기 방울을 가두는 역할을 한답니다. 막 구워 낸 빵은 정말 맛있겠지요?

부드러운 케이크와 쫄깃한 빵은 제빵의 화학 작용을 통해 만들어져요!

공기 방울을 만드는 레시피

케이크의 공기 방울
베이킹파우더는 케이크 반죽에 거품을 만드는 화학 물질이에요. 오븐의 열은 화학 반응을 일으켜 이산화탄소, CO_2로 불리는 가스를 밖으로 뿜어내요. 버터와 달걀의 지방은 CO_2를 가두어 수백만 개의 작은 공기 주머니를 만드는데 이건 마치 수백만 개의 작은 풍선을 날려 버리는 것과 같아요. 반죽이 충분히 말라서 단단해지면 케이크 완성! 잘 보고 오븐에서 너무 일찍 꺼내지 마세요.

   +  + 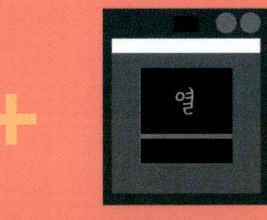 =

케이크용 밀가루 · 달걀 · 설탕 · 버터 · 우유 + 베이킹 파우더 + 열 = CO_2 공기 방울

빵의 공기 방울
빵의 공기 방울도 안에 갇힌 CO_2로 만들어지지만, 이 공기 방울은 완전히 다른 성분인 효모[5]에 의해 만들어져요. 발효라는 화학 반응이 일어나는 중에 CO_2 가스가 밖으로 나오는 거예요. 이 가스는 반죽이 어느 정도의 시간 동안 따뜻한 곳에서 보관될 때 생겨요. 시간이 지나면 반죽 안에 있는 공기 방울이 부풀어 올라 반죽이 2배로 커진답니다.

   +  +  =

빵용 밀가루 · 소금 · 물 + 효모균 + 필요 시간 = CO_2 공기 방울

케이크 믹스는 공기 방울을 만들기 위해 열이 필요해요. 빵은 오븐에 들어가기 전에 공기 방울이 만들어져야 하고요. 그렇지 않으면 열로 인해 살아 있는 효모가 죽기 때문이지요.

발효
효모가 살아 있네요! 이 효모가 밀가루 속 당분을 먹어 치우고, 가스를 뿜어내요.

설탕 · 효모균 · CO_2

브라우니 · 초콜릿칩 쿠키 · 시나몬번 · 프티 푸르[6] · 페이스트리 · 컵케이크 · 커스터드타르트 · 생일 케이크 · 치아바타 · 식빵 · 웨딩 케이크 · 크루아상 · 베이글 · 통밀 옥수수빵 · 바게트 · 호밀빵 · 종이 가방

플로리스트

꽃 시장은 아침 일찍 문을 열기 때문에 플로리스트는 꽃을 그날 사서 바로 팔 수 있어요. 우리는 꽃을 기른 사람들이 가져와서 파는 꽃을 서둘러 꽃집으로 가져가려고 노력해요. 잘린 꽃은 금방 시들어 버리거든요.

어떤 꽃들은 꽃봉오리 상태로 잘려져 가게에서 꽃을 피우기도 해요. 우리는 잘린 줄기를 양동이에 담고 화학 물질을 첨가하여 식물에 피해를 주는 작은 박테리아[1]를 없애요. 꽃이 있는 곳이 따뜻하면 시들지 않도록 대형 냉장고에 차갑게 보관하기도 하지요.

플로리스트는 특별한 관리가 필요한 화분을 팔기도 해요. 화분에 심어진 식물은 뿌리를 자르지 않기 때문에 오래 살 수 있어요.

뿌리를 자르든 화분에 심든, 모든 식물은 물과 햇빛, 숨 쉴 공간이 필요해요.

다육 식물[2]과 같은 몇몇 식물들은 기를 때 물을 많이 주지 않아야 해요. 반면에 수선화, 튤립 같은 식물들은 물을 많이 주면서 관리해야 하지요. 습하고 비가 잦은 봄에 피기 때문에 기를 때 물이 많이 필요하거든요.

식물학은 식물을 다루는 과학이에요. 식물학을 잘 알면 식물과 꽃을 기르는 데 도움이 되지요.

꽃의 힘: 잎의 마법!

식사 시간

광합성은 식물이 음식을 만드는 데 필요한 화학 반응을 말해요. 식물이 광합성을 하며 건강하게 자라려면 햇빛, 공기, 물이 필요해요. 이 중 공기와 햇빛은 잎을 통해 들어오고, 물은 뿌리를 통해 줄기에서 올라와요.

넓고 얇은 잎

크고 평평한 잎은 넓은 표면적[3]을 가지고 있어서 광합성을 하기 위해 햇빛을 더욱 많이 받아들일 수 있어요. 또 광합성에 필요한 이산화탄소와 광합성의 결과로 만들어진 산소가 자유롭게 이동할 수 있는 작은 공기구멍인 기공도 많이 있어요.

> 잘린 꽃들은 뿌리가 없는 상태이기 때문에, 플로리스트는 45도 각도로 줄기를 잘라 줘요. 이렇게 하면 줄기를 직선으로 잘랐을 때보다 물과 영양분을 더 빠르게 흡수할 수 있지요.

> 꽃은 계속해서 물이 필요해요. 줄기를 타고 위로 이동한 물이 잎을 통해 밖으로 나오기 때문이에요. 물이 없으면 꽃은 금방 말라 시들어 버릴 수 있어요.

두꺼운 잎

어떤 식물은 매우 건조한 곳에서도 살 수 있게 특별한 잎을 가지고 있어요. 이 식물들은 좁고 두꺼운 잎을 가지고 있어서 물을 상대적으로 적게 잃지요. 잎은 안쪽에 있는 물을 보호하기 위해 종종 밀랍[4]처럼 되어 있는데, 이는 물이 안으로 들어오면 밖으로 빠져나가지 못하게 안에 가둬 놓는 역할을 한답니다. 또 잎의 털은 수분 방울을 잡아 두는 데 도움이 되지요. 어떤 잎은 안에 수분을 저장하기도 하는데, 이는 땅이 매우 건조할 때 도움이 돼요.

> 이런 식물은 집에 있는 작은 화분에서도 오래 살 수 있지만, 대신 물을 너무 많이 주지 않도록 주의하세요!

의사

오늘은 기분이 어떤가요? 우리는 사람 몸의 다양한 기관이 어떻게 이루어져 있는지 알기 때문에 여러분의 몸이 좋아지도록 도울 수 있어요.

여러분이 의사를 찾아오면, 우리는 '임상[1] 방법'이라는 비밀의 과학을 사용하여 환자를 치료해요.

가장 먼저 환자를 관찰해요. 어디가 어떻게 아픈지 물어보면서 진찰을 하지요. 주로 청진기와 같이 관찰에 도움이 되는 도구를 사용한답니다.

다음으로 환자의 몸 안에서 무슨 일이 일어나고 있는지를 생각해요. 의학을 배우며 얻은 지식을 활용해 독감이 유행하는 시기와 같은 상황도 따져 봐요.

이 모든 걸 바탕으로 왜 아픈지를 생각해 보는 거예요. 그러면 무엇 때문에 환자들이 아픈지 분석이 되지요. 더 많은 정보를 얻기 위해 피 검사와 같은 몇 가지 검사를 할 수도 있어요. 필요한 정보를 모두 얻으면 검사 결과를 검토하고, 모든 정보를 종합하여 최종 진단을 내리지요. 이 최종 진단을 통해 여러분을 치료할 수 있답니다!

우리는 해부학을 공부해서 몸이 어떻게 움직이는지 잘 알고 있어요. 그래서 아픈 사람들을 과학적으로 치료해요.

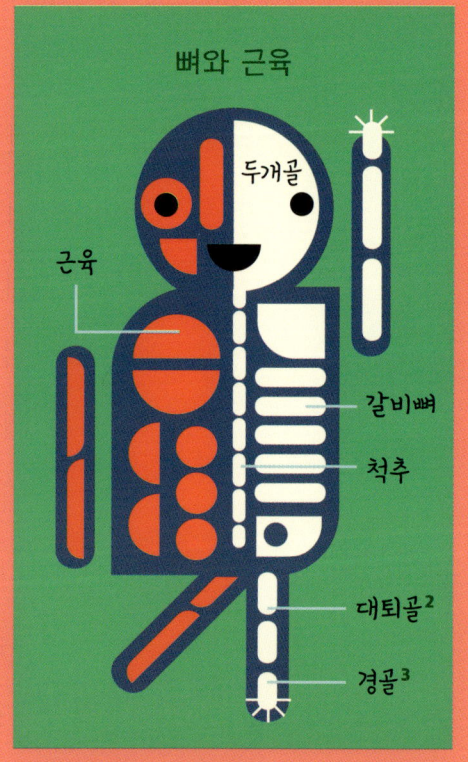

뼈와 근육

두개골, 근육, 갈비뼈, 척추, 대퇴골[2], 경골[3]

소화 기관

치아, 입, 혀, 쓸개, 식도, 간, 소장, 대장, 위

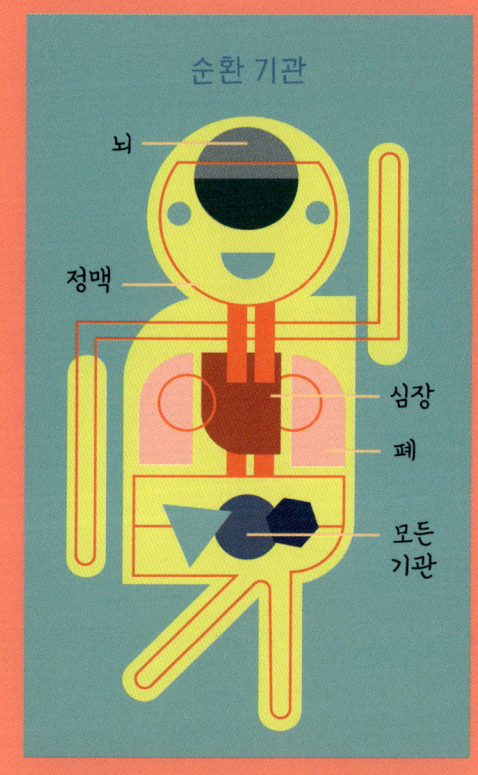

순환 기관

뇌, 정맥, 심장, 폐, 모든 기관

의사의 가방 안에 있는 것

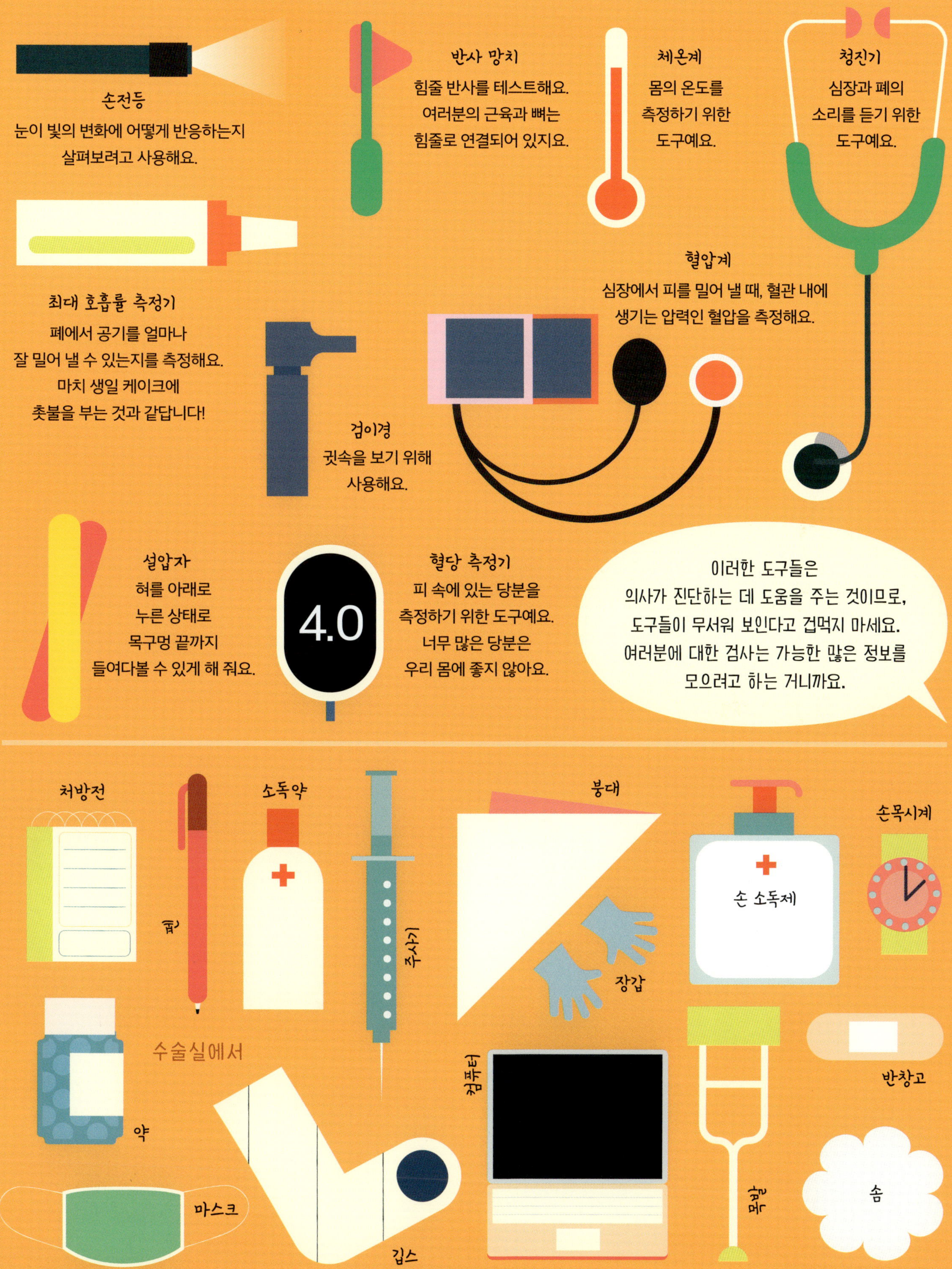

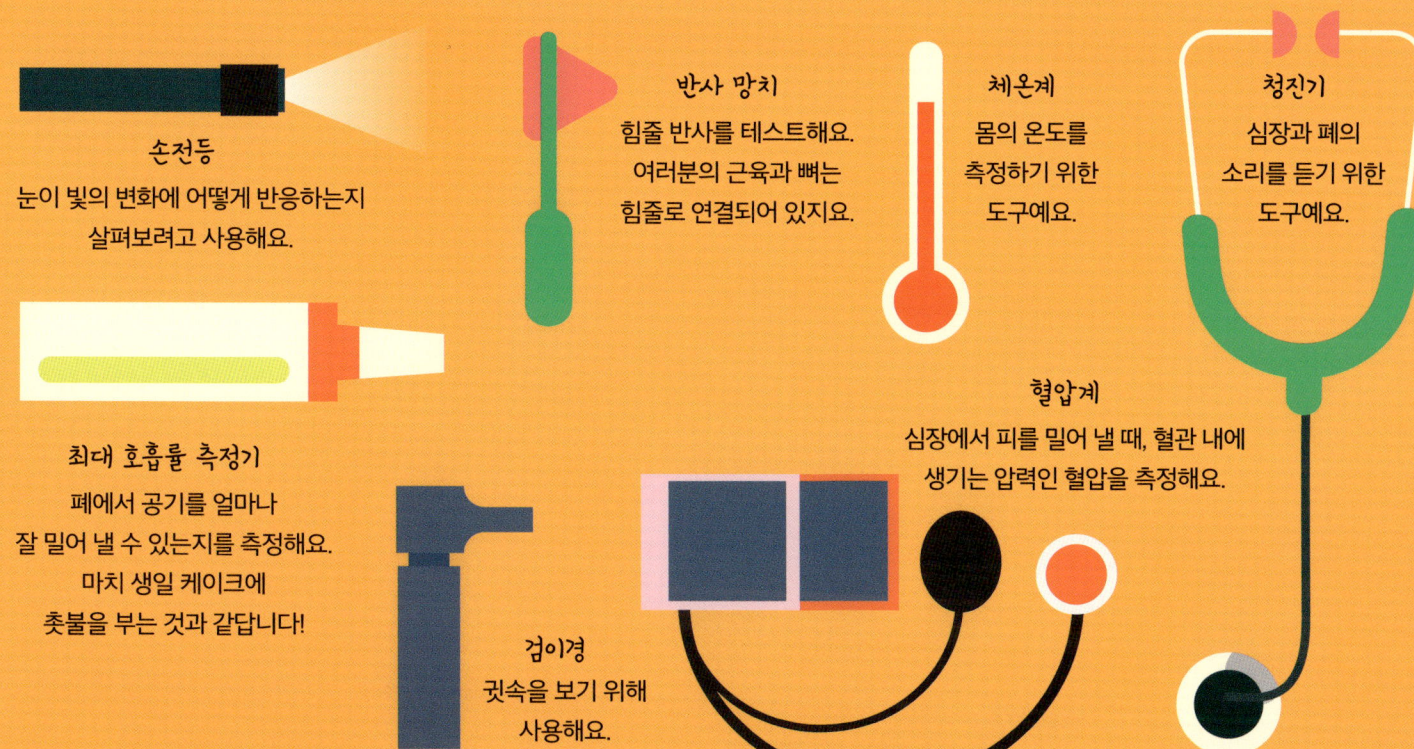

손전등 눈이 빛의 변화에 어떻게 반응하는지 살펴보려고 사용해요.

반사 망치 힘줄 반사를 테스트해요. 여러분의 근육과 뼈는 힘줄로 연결되어 있지요.

체온계 몸의 온도를 측정하기 위한 도구예요.

청진기 심장과 폐의 소리를 듣기 위한 도구예요.

최대 호흡률 측정기 폐에서 공기를 얼마나 잘 밀어 낼 수 있는지를 측정해요. 마치 생일 케이크에 촛불을 부는 것과 같답니다!

혈압계 심장에서 피를 밀어 낼 때, 혈관 내에 생기는 압력인 혈압을 측정해요.

검이경 귓속을 보기 위해 사용해요.

설압자 혀를 아래로 누른 상태로 목구멍 끝까지 들여다볼 수 있게 해 줘요.

혈당 측정기 피 속에 있는 당분을 측정하기 위한 도구예요. 너무 많은 당분은 우리 몸에 좋지 않아요.

이러한 도구들은 의사가 진단하는 데 도움을 주는 것이므로, 도구들이 무서워 보인다고 겁먹지 마세요. 여러분에 대한 검사는 가능한 많은 정보를 모으려고 하는 거니까요.

수술실에서

처방전, 펜, 소독약, 주사기, 붕대, 장갑, 손 소독제, 손목시계, 약, 마스크, 깁스, 컴퓨터, 목발, 반창고, 솜

반려견 미용사

반려견 미용실에 오신 것을 환영해요! 비눗방울을 좋아하고, 개와 함께 일하는 것을 좋아하면 이곳이 딱 맞아요. 미용실에는 다양한 개들이 방문해요. 털이 정말 많은 개는 털을 깎아 다듬거나 깔끔한 드라이를 원할 수 있어요. 어떻게 변신하길 바라든 우리는 제일 먼저 복슬복슬한 개의 털을 씻겨야 한답니다.

개는 스스로 몸을 깨끗이 하는 행동을 잘하기 때문에 사람만큼 자주 목욕할 필요는 없어요. 하지만 개의 몸에 남아 있는 먼지와 박테리아를 씻어 내는 것은 필요해요. 대부분은 해롭지 않지만, 개를 만질 때 몇몇 더러운 박테리아가 사람에게 전염될 가능성이 있어요. 그래서 개를 쓰다듬고 껴안은 뒤에는 손을 씻는 게 좋지요.

우리는 개가 미끄러지지 않도록 설계된 특별한 목욕통에서 개를 씻겨요. 덕분에 개들은 편안하고 행복하다고 느낄 수 있어요. 특별한 샤워기를 사용하여 적당히 따뜻한 물로 털을 충분히 적시고 나면, 이제 샴푸할 시간이에요. 개에게 샴푸를 뿌리고 잘 문질러요. 비누 거품으로 먼지를 닦은 다음 목욕통 마개를 열고 물로 거품을 씻어 내요.
자, 개의 미용 준비를 마쳤어요!

샴푸의 과학은 개를 깨끗하고 행복하게 하는 데 도움을 줘요.

수건 / 털이 덥수룩하고 큰 개
앞치마
바리캉
복슬복슬한 포메라니안
가위
리드줄
샤워기
강아지 욕조
복슬복슬한 쉽독

샴푸의 작용 원리

물 뿌리기

개에게 물을 뿌리면 먼지와 때를 씻어 낼 수 있어요. 하지만 기름과 먼지가 모두 씻겨 나가는 건 아니에요. 오히려 기름진 성질로 인해 개의 피부와 털에 먼지가 더 달라붙기도 해요. 기름과 물은 서로를 밀어 내기 때문에 잘 섞이지 않거든요.

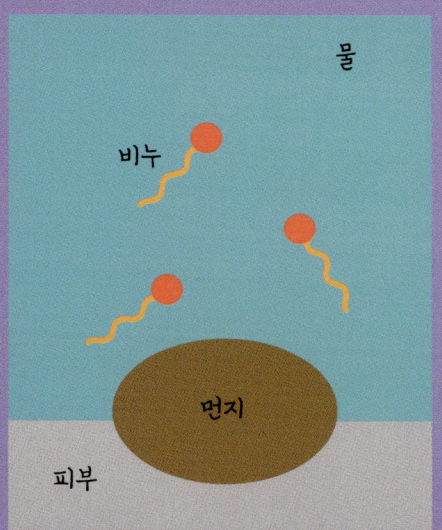

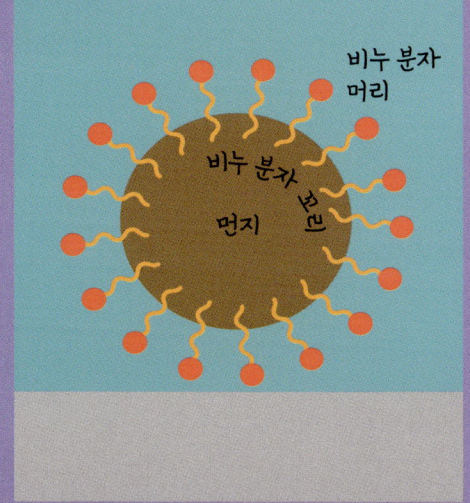

재미있는 사실! 비누 분자의 머리와 꼬리도 거품을 만들어요!

샴푸하기

비누 분자는 두 개의 끝을 가지고 있답니다. 머리끝은 물 쪽으로 당겨지고, 꼬리 끝은 기름진 먼지와 때가 있는 쪽으로 당겨져요.

거품 만들기

개의 꼬리는 기름진 먼지 때문에 더러워지는데, 비누는 그것을 둘러싸서 작은 먼지 방울들을 만들어 내요. 이 방울들이 물 안으로 들어가면서 먼지를 피부에서 멀리 떨어뜨려 없애지요.

헹구기

이제 우리가 할 일은 비눗물을 씻어 내는 거예요. 드라이와 빗질까지 잘하면 뽀송하고 깨끗한 강아지를 만날 수 있어요!

강아지용 샴푸

중요한 건 피부에 좋은 샴푸로 강아지를 씻기는 거예요. 그렇지 않으면 피부가 건조하고 가려워서 개들이 매우 불편해해요! 모든 피부는 세포층으로 이루어져 있는데, 놀랍게도 작은 세포들이 박테리아로부터 우리 몸을 보호해 주지요. 피부의 가장 바깥쪽에 있는 표피층은 수분을 유지하여 피부를 건강하게 만드는 데 큰 역할을 해요. 강아지 표피층은 사람보다 얇아서 피부가 예민하고 더 쉽게 건조해져요. 그래서 우리는 강아지를 위한 전용 샴푸를 쓴답니다.

교통경찰

삑삑! 교통경찰의 하루는 매우 시끄러워요. 승용차와 트럭이 도시의 거리를 덜컹거리며 달리고 복잡한 고속도로를 휙휙 지나가지요. 모두가 안전하게 운전할 수 있도록 돕는 것이 우리의 임무랍니다.

자동차들이 한 도로에서 각기 다른 속력으로 달린다고 상상해 보세요. 서로 충돌하는 일이 생길 거예요! 그래서 각 도로에는 차가 달릴 수 있는 가장 빠른 속도를 알려 주고, 이를 넘지 못하도록 하는 제한 속도가 있답니다. 학교 앞 도로는 지나가는 사람도 많고 아이들이 다칠 수 있어서 제한 속도가 낮아요. 최고 시속이 30km이지요. 하지만 고속도로에는 자전거나 보행자가 없어서 일반 도로보다는 제한 속도가 높아 빨리 달릴 수 있어요.

천천히 운전하면 이동 시간이 더 오래 걸리기도 하지만, 제한 속도를 지키지 않고 빨리 달리다가 사고가 나면 훨씬 위험해요. 비상시 속력을 늦추거나 차를 멈추는 데 시간이 오래 걸리므로 제한 속도를 지키는 건 정말 중요해요. 길가에 있는 과속 단속 카메라는 제한 속도보다 빨리 달리는 차를 찍어서 차 주인에게 벌금을 물어요. 또 스피드건으로 속도를 측정해 과속 차량을 잡을 수도 있답니다.

교통경찰은 복잡한 도시의 거리에서 교통정리를 할 때 수신호[1]를 사용해요. 운전자가 라디오를 크게 켜거나 창문을 닫아서 소리를 못 듣고, 거리 또한 시끄럽기 때문에 수신호로 의사소통을 하는 건 좋은 방법이에요. 수신호와 다양한 표지판을 잘 보며 사고가 나지 않게 조심하세요!

물리학을 사용한 도구로 속도를 위반하는 차량을 잡아요!

보온 재킷

헬멧

호루라기

흰 장갑

경광등[2]

바람막이 유리

로터리[3]

교차로

경찰 오토바이

눈에 잘 띄는 조끼

스피드건 작동 방식

음파 감지

스피드건은 자동차의 속도를 감지하기 위해 물리학[4]을 토대로 개발되었어요. 바로 '도플러 효과'라고 하며, 우리의 귀로도 들을 수 있어요! 자동차나 기차가 여러분 주변을 지나갈 때 나는 소리가 변하는 것을 알아차린 적 있나요? 소리는 여러분에게 다가올수록 고음이 되고 멀어질수록 저음이 돼요. 소리는 실제로 변하지 않았어요. 단지 도플러 효과일 뿐이랍니다. 모두 음파[5]와 관련이 있으며, 스피드건이 작동하는 방식이에요.

> 스피드건으로 속도를 측정할 때 우리는 몸을 움직이지 말아야 해요. 도플러 효과는 우리가 서 있는 위치에도 영향을 받거든요.

정지한 채로!

소리는 진동이나 음파를 통해 이동해요. 자동차의 모터가 작동해도 움직이지 않고 서 있으면 엔진 소리는 변하지 않아요. 한 음을 흥얼거리는 것과 비슷하답니다. 한번 해 보세요.

가까워지면, 고음!

자동차가 스피드건 가까이 다가오면, 음파는 촘촘하게 변해요. 그래서 우리가 듣는 소리를 더 높은음으로 만들지요. 이제 좀 더 높은음으로 흥얼거려 보세요.

멀어지면, 저음!

자동차가 멀어지면, 음파는 늘어지고 에너지 또한 잃게 돼요. 소리는 사라질 때까지 점차 작아져요. 도플러 효과를 흉내 내기 위해 한번 흥얼거려 보세요.

음파

촘촘한 음파 = 고음

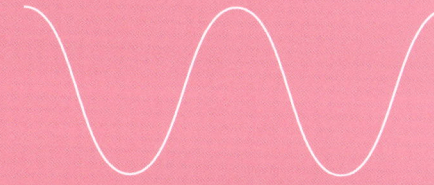

늘어진 음파 = 저음

도로, 스피드건, 구급상자, 경광등, 무전기, 경찰차

일시정지, 수신호, 교통안전 표지판, 진입금지, 속도 제한 표지판

용어 사전

이해를 돕기 위해 어려운 단어를 풀이했어요!

소방관 (4~5쪽)
1. **장비** - 필요한 장치나 설비를 갖추어 준비해 둔 것
2. **요소** - 어떤 사물을 구성하는 데 꼭 필요한 조건이나 성분

인명 구조 요원 (6~7쪽)
1. **해류** - 일정한 방향과 속도로 움직이는 바닷물의 흐름
2. **이안류** - 매우 빠른 속도로 한두 시간 정도의 짧은 기간에 해안에서 바다 쪽으로 흐르는 좁은 표면 해류
3. **플로트** - 물 위에 떠서 사람이나 물건을 구조할 수 있는 장치

사육사 (8~9쪽)
1. **서식지** - 동물이 보금자리를 만들어 사는 장소
2. **절지동물** - 거미, 전갈 등 다리가 마디로 이루어져 있는 무척추동물
3. **극피동물** - 불가사리, 성게, 해삼 등으로 몸은 공 모양, 원판 모양, 원통 모양, 별 모양 따위로 나뉨

스무디 요리사 (10~11쪽)
1. **미네랄** - 칼슘, 인, 철, 황, 마그네슘 따위의 영양소
2. **당분** - 물에 잘 녹으며 단맛이 나는 성분

배달 기사 (12~13쪽)
1. **인공위성** - 로켓에 의해 쏘아 올려져 지구의 주위를 공전하는 인공의 장치
2. **궤도** - 행성이나 혜성, 인공위성 등 중력의 영향을 받아 다른 천체의 주위를 돌면서 그리는 일정한 곡선의 길

미용사 (14~15쪽)
1. **염료** - 섬유나 머리카락 따위를 물들이는 색소가 되는 물질

2. **화학 반응** - 두 가지 이상의 물질 사이에 화학 변화가 일어나서 다른 물질로 변화하는 과정
3. **헤어 디퓨저** - 헤어드라이어에 끼워 머리를 말리거나 스타일링할 수 있는 도구
4. **바리캉** - 전기의 힘으로 머리를 깎는 기구
5. **분자** - 각 물질의 화학적 성질을 가진 최소 단위 알갱이

선장 (16~17쪽)
1. **협곡** - 좁고 깊은 골짜기
2. **밀도** - 일정한 면적이나 공간 속에 포함된 물질이나 대상의 빽빽한 정도
3. **스로틀** - 선박의 속도를 조절하는 장치로 엔진의 출력을 조절하여 배의 속도를 늘리거나 줄이는 역할을 함

제빵사 (18~19쪽)
1. **크러스트** - 빵의 겉면이며, 빵의 내부와 외부를 구분하는 경계로 맛과 질감을 결정하는 중요한 역할을 함
2. **케이크 믹스** - 케이크를 손쉽게 만들어 먹을 수 있도록 설탕, 베이킹파우더, 밀가루 따위를 혼합해 놓은 가루
3. **글루텐** - 밀 따위의 곡류에 들어 있는 회갈색의 끈적끈적한 단백질 혼합물
4. **스패출러** - 주걱 모양의 도구로 반죽을 섞거나 케이크 크림을 바를 때 사용
5. **효모** - 술이나 빵을 만들 때 발효와 부풀리기에 관여하는 미생물
6. **프티 푸르** - 티타임에 즐기는 쿠키나 작은 케이크

플로리스트 (20~21쪽)
1. **박테리아** - 하나의 세포로 이루어진 미생물로 음식을 발효시키거나 상하게 함
2. **다육 식물** - 건조한 기후에 적응하기 위하여 잎이나 줄기, 뿌리에 물을 저장하는 구조를 지니고 있는 식물

3. **표면적** - 물체 겉면의 넓이
4. **밀랍** - 벌집을 만들기 위해 꿀벌이 분비하는 물질로 상온에서 단단하게 굳어지는 성질이 있음

의사 (22~23쪽)
1. **임상** - 환자의 치료를 목적으로 하는 의학
2. **대퇴골** - 넓적다리뼈
3. **경골** - 정강이뼈

교통경찰 (26~27쪽)
1. **수신호** - 손으로 하는 신호로 주로 교통정리를 할 때 사용하며 특정한 내용과 정보를 지시하거나 전달함
2. **경광등** - 빛을 깜박거려 위험을 경고하거나 비상임을 나타내는 등
3. **로터리** - 교통이 복잡한 네거리 같은 곳에 교통정리를 위하여 원형으로 만들어 놓은 교차로
4. **물리학** - 물질의 물리적 성질과 그것이 나타내는 모든 현상 등을 연구하는 학문
5. **음파** - 공기 등의 물질이 물체의 진동을 받아 생기는 물결의 움직임

#과학의 일터

이제 과학이 어디에나 있다는 것을 알게 되었죠? 다음은 과학적 시각을 키워 줄 수 있는 몇 가지 개념이에요.

하루 종일 과학만 생각해 보세요. 그날은 여러분 주위에서 과학적 개념을 찾으며 시간을 보내세요.

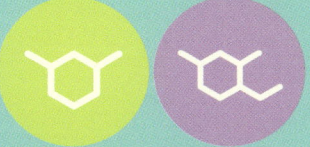

화학 반응

자라나는 생물

물체를 만졌을 때 느낌

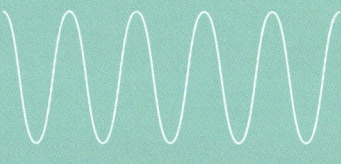

소리와 음파를 통한 이동 방법

날씨의 패턴과 변화

고체, 액체, 기체 사이의 변화

유사한 생물 개체 및 종의 이름들

어려운 것을 할 때 여러분을 도와주는 기술

주위에서 과학 찾기

'과학의 일터' 공책을 준비하고 여러분이 찾은 과학 이야기를 적거나 그려요. 가장 인상 깊은 것부터 순서대로 나열해 보세요. 여러분이 발견한 것 중 예상을 뛰어넘는 최고의 장소는 어디였나요? 또는 언제였나요?

어른들의 일터에 대해 질문하기

가족과 친한 어른들에게 회사나 집에서 매일 하는 일에 대해 인터뷰해 보세요. '과학의 일터' 공책에 인터뷰한 내용을 적고, 여러분이 발견한 과학과 비교해 보세요. 어른들의 하루에서 예상치 못한 과학을 찾을 수 있나요? 그렇다면 여러분이 어른들을 깜짝 놀라게 할 수도 있어요!